Vi

en de zonnebloemen

Verhaal en tekeningen

Barbara Stok

EEN LUXE GOUDEN BOEKJE

RUBINSTEIN

Zie je dat gele huis? Daar woont een kunstenaar.

Die kunstenaar heet Vincent. Hij houdt erg van schilderen. Dat doet hij elke dag. Soms vergeet hij zelfs te eten, zo gaat hij erin op.

'Het is heerlijk om naar iets te kijken en het mooi te vinden, erover na te denken en dan te zeggen: ik ga dat eens tekenen,' zegt hij.

Vincent wil schilderijen maken die mensen treffen. Dat je ernaar kijkt en denkt: jee, wat is dat prachtig, zeg!

Je kunt van alles schilderen. Zo heeft Vincent een keer zijn eigen schoenen nageschilderd. Oude bruine schoenen met een beetje zand er nog op. Dat vond hij een goed onderwerp.

Vincent doet er dagen over om een schilderij te maken. Soms wel een hele week, of zelfs nog langer. Dus hij moet zijn onderwerp zorgvuldig kiezen. 'Ik heb massa's ideeën!' roept hij enthousiast.

Nu zoekt Vincent een nieuw onderwerp voor zijn
volgende schilderij. Tijd om op pad te gaan.

GA JE MEE?

Vincent wandelt door de straten. Hij loopt langs een knappe jongeman en een knappe jonge vrouw. Ze zouden wel modellen kunnen zijn, zo mooi zijn ze. Waarom vraagt hij hen niet voor een portret?

Ach nee, die vrouw met die grote neus en die man met die scheve tanden, die vindt hij veel aparter. 'Daar zit karakter in!' zegt hij.

Als iedereen perfect was, was de wereld maar saai.

Vincent wandelt door de weilanden. Daar staat een grote boom. Ook een boom heeft karakter. De ene boom ziet er fier uit, de andere knoestig. 'Vol majesteit en sereniteit' noemt hij deze hier.

Als Vincent een boom tekent, doet hij dat heel aandachtig. Hij gaat net zolang door tot er leven in de tekening zit. Want bomen zijn levende wezens, net als mensen, en dat wil Vincent in zijn kunstwerken laten zien.

LEVENDE WEZENS? MAAR BOMEN HEBBEN TOCH GEEN ARMEN EN GEEN BENEN EN GEEN MOND?
EN JULLIE HEBBEN GEEN TAKKEN EN GEEN WORTELS IN DE GROND.

Bomen groeien, net als wij, en ze drinken water, net als wij. En bomen kunnen met hun takken dansen, net als wij met onze benen.

Ja, een boom is een goed onderwerp om na te tekenen, vindt Vincent. Maar vandaag niet, want vandaag zoekt hij iets anders.

Bij een grasveldje blijft hij even staan.
Wat denk je dat hij ziet?
Kijk maar eens goed.

Goh, wat is een grasspriet eigenlijk bijzonder!
Simpel en kwetsbaar en toch ook sterk.
'En heel, heel groen,' zegt Vincent.

Ook een grasspriet leeft, net als een boom. Alleen wat kleiner. En een grasveld is een grote familie van grassprietjes bij elkaar.

Een uitstekend onderwerp, vindt Vincent. 'Ik kom tot rust als ik een grasspriet zie.' Maar vandaag zoekt hij iets anders voor zijn volgende schilderij.

Dan ziet Vincent een
vogelnest hoog in een boom.
Een nestje is een huis voor
vogels. Of andersom: een
huis is een soort nestje voor
mensen. 'Een mensennest,'
noemt Vincent dat.

Vogels lijken meer op ons dan je denkt. Vogels kunnen zingen, net als wij. En ze houden van lekker eten, net als wij.

Hoog boven de weilanden komen enorme wolkenpartijen aandrijven. Hè, bah, regen! Nu wordt alles nat. Maar Vincent vindt dat helemaal niet erg.

‘Wat is het is buiten toch mooi als alles nat is van de regen!’ roept hij. ‘De prachtige diepe tonen in de modder, de glinsteringen in de waterplassen. Ik moest eigenlijk geen regenbui voorbij laten gaan.’

Na de straten en de weilanden en de bomen en de wolken komt Vincent bij de plek waar hij moet zijn. Een tuintje met zonnebloemen, enorme gele bloemen op een lange, stevige steel. Zonnebloemen staan altijd met z'n allen dezelfde kant op, want ze draaien graag hun kop naar de zon.

De meeste zonnebloemen staan in volle bloei. Maar die kiest Vincent niet. Want kijk, op de grond liggen er ook een paar. De stelen zijn geknakt en sommige blaadjes worden al een beetje bruin.

Déze kiest Vincent voor zijn schilderij. Hij ziet het doek al voor zich: 'Het wordt een symfonie in geel,' zegt hij.

Vincent ziet schoonheid in dingen waar de meeste mensen aan voorbijlopen. De vogelnesten, het gras, de aparte mensen, de oude schoenen, de wolken, de bomen, de tonen in de modder, de zonnebloemen en de regen... de hele wereld is vol leven!

ISBN 9789047627272
Eerste druk, 2019

Published by Rubinstein bv, Amsterdam by arrangement with Random House Children's Books, a division of Random House Inc., New York, New York, U.S.A.
Vormgeving: Sonja van Hamel

Dit Gouden Boekje is tot stand gekomen in samenwerking met het Van Gogh Museum.

www.rubinstein.nl
www.vangoghmuseum.nl